Fernanda Almada

Poesia da Nanda

Fernanda Almada

Poesia da Nanda

Os meus sentimentos

JustFiction Edition

Cover image: www.ingimage.com

Publisher:
JustFiction! Edition
is a trademark of
Dodo Books Indian Ocean Ltd. and OmniScriptum S.R.L publishing group

120 High Road, East Finchley, London, N2 9ED, United Kingdom
Str. Armeneasca 28/1, office 1, Chisinau MD-2012, Republic of Moldova, Europe
Printed at: see last page
ISBN: 978-620-0-49437-5

Canoa e a Lua

Sobre as águas calmas de um rio sereno,
Navega a canoa, meu doce aceno.
Ergue-se ao vento, cortando o azul,
Em busca da lua, brilhante e tão singular.

Remos mergulham no espelho d'água,
Impulsionando a canoa, em sua saga.
Silêncio paira no ar, sereno e profundo,
Enquanto a lua, cúmplice, sorri ao mundo.

Reflete-se nas águas, sua prateada luz,
Guiando a canoa com seu brilho seduz.
O remador, encantado, segue seu rumo,
Guiado pela lua, seu farol de prumo.

A canoa flutua, serena e sublime,
Enquanto a lua, majestosa, a tudo anima.
Juntos, navegam pelo manto celestial,
Entrelaçando sonhos em um bailar celestial.

E assim, no reflexo da noite estrelada,
A canoa e a lua vivem sua jornada.
Um encontro perfeito, místico e raro,
Onde os sonhos se encontram, num abraço sincero.

Ah, doce canoa, na imensidão das águas,
Guiada pela lua, rainha das mágoas.
Que a tua viagem seja eterna e plena,
Navegando em sonhos, na noite serena.

E que a lua, testemunha de cada poesia,
Continue a brilhar, com sua melodia.
A canoa e a lua, unidas pelo destino,
Um poema eterno, num abraço divino.

Arvores e flores

Nasceram das sementes, em solo fecundo,
As árvores altivas, com seus ramos profundos.
Erguem-se ao céu, em busca de luz,
Enfeitando a terra com seu manto de cruz.

No bailar das folhas, ao sopro do vento,
As árvores sussurram um doce lamento.
Testemunhas da vida, guardiãs do ar puro,
Em seus galhos abrigam um universo seguro.

E entre os troncos robustos, um jardim se forma,
Onde flores desabrocham, em cores que transformam.
Rosas, lírios, margaridas a se desdobrar,
Em um festival de cores, um poema a brotar.

Pétalas delicadas, em suave fragrância,
Afagam os sentidos, trazendo esperança.
As flores dançam no vento, em graciosos movimentos,
Exibindo sua beleza em cada instante, em cada momento.

E sob a sombra das árvores, um espetáculo encantador,
O encontro entre flores e folhas, um cenário de amor.
Cada uma com seu encanto, sua singularidade,
Juntas, formam um quadro de pura felicidade.

Árvores e flores, em harmonia perfeita,
Celebram a vida, numa dança tão estreita.
Ensinam-nos a importância da coexistência,
Na simplicidade das plantas, encontramos a essência.

Que nunca falte o verde das árvores no horizonte,
E o colorido das flores, que nos fazem mais fortes.
Elas nos recordam da beleza que há em cultivar,
E que o amor pela natureza nunca deixe de brotar.

A escrita

Nas páginas silenciosas, um mundo se revela,
Em letras e palavras, a magia se desvela.
Os livros, tesouros de conhecimento e prazer,
Abrindo portas para sonhar e aprender.

São amigos fiéis, sempre prontos a acolher,
Os sonhos e anseios de quem os quer ler.
Nas estantes, formam um cenário encantado,
Onde histórias e saberes são compartilhados.

Cada livro é uma viagem sem fim,
Através de páginas, mergulhamos enfim.
Em mundos distantes, fantasias se materializam,
Personagens ganham vida e os corações se eternizam.

Nas letras impressas, um refúgio se encontra,
Nos livros, a mente encontra sua ronda.
De romances a aventuras, mistérios a desvendar,
Nas páginas, podemos sonhar e escapar.

Os livros são faróis, guias na escuridão,
Com eles, encontramos nossa direção.
Eles nos ensinam, nos inspiram e nos provocam,
Despertando nossa imaginação, como toques de uma sinfonia.

Em cada capítulo, um mundo a se desvendar,
Sabedoria ancestral, prazer em compartilhar.
Poesias, filosofias, contos a desvendar,
Os livros nos envolvem, como um abraço a nos amparar.

E quando fechamos um livro, algo permanece,
Um eco de suas palavras, uma história que aquece.
São letras que nos transformam, nos fazem crescer,
Os livros, tesouros eternos, que jamais vamos esquecer.

Então, abra um livro, deixe-se envolver,
Descubra novos mundos, deixe-se surpreender.
Pois nas páginas amareladas ou digitais,
Os livros são janelas para infinitas possibilidades.

Observar

No silêncio da contemplação,
Revela-se o poder da observação.
Nas entrelinhas do mundo, a magia se esconde,
E em cada detalhe, a vida responde.

Observar é mergulhar nos mistérios do olhar,
É abrir os sentidos, o coração desvendar.
É enxergar além do que está evidente,
Descobrir beleza no simples e no presente.

No céu, as nuvens dançam em formas abstratas,
E as estrelas brilham como notas musicais.
Na natureza, cada folha e cada flor,
Contam histórias em suas cores e odores.

Observar é escutar além das palavras,
Perceber as emoções em sutis bravas.
É compreender sem julgar, apenas sentir,
E mergulhar no mundo de quem está a sorrir.

Nos gestos singelos de um amor que se entrega,
Na tristeza que se esconde num olhar que se nega.
Observar é captar a essência das almas,
E compartilhar conexões em doces calmas.

No movimento frenético da cidade,
Observamos vidas em constante atividade.
Histórias se cruzam, sonhos se entrelaçam,
E em cada rosto, um universo se desenha.

Observar é ser testemunha da vida,
Dos altos e baixos, da alegria à ferida.
É compreender o mundo com empatia,
E encontrar a beleza em cada melodia.

Então, deixe-se levar pelo poder da observação,
Descubra o tesouro escondido em cada situação.
E ao mergulhar no olhar profundo do outro,
Encontre-se também, e crie um mundo mais justo.

Os Homens

No vasto palco do mundo, em harmonia e diversidade,
Reina a essência sublime da nossa humanidade.
Somos poesia em movimento, com histórias entrelaçadas,
Em cada coração, a força das emoções abraçadas.

Somos feitos de luz, de sombras e de cor,
Um mosaico de sonhos que busca o amor.
Unidos pela esperança, pelas lágrimas e sorrisos,
A humanidade em sua grandeza, em seus desafios.

Do nascer ao partir, caminhamos lado a lado,
Compartilhando o peso e o fardo do legado.
Somos filhos da Terra, irmãos na mesma jornada,
Lutando por um mundo onde a paz seja alcançada.

Em cada gesto de solidariedade e compaixão,
Brilha a luz da humanidade em sua expressão.
Somos capazes de curar, de amparar e de cuidar,
De estender as mãos e de nos doar sem esperar.

Por vezes, somos falhos, cometemos erros,
Mas é na busca do entendimento que crescemos.
A humanidade, em sua busca incessante,
Revela a capacidade de renovação constante.

No abraço fraterno, no sorriso que acolhe,
Na palavra que conforta, na empatia que se colhe.
A humanidade se revela em pequenos atos,
Que transformam vidas e ecoam nos relatos.

Somos sonhadores, idealistas, criadores,
Buscando harmonia em meio a tantos clamores.
A humanidade se reinventa, se recria,
Procura respostas, encontra sabedoria.

Que a humanidade encontre seu caminho,
Que floresça a bondade em cada cantinho.
E que o amor, a verdadeira essência do ser,
Nos guie sempre, para um mundo melhor renascer.

Unidos, como uma só família em comunhão,
Valorizando a riqueza da nossa condição.
A humanidade, um presente a celebrar,
Um poema em constante evolução, a desbravar.

O universo

No vasto e infinito universo a se desdobrar,
Revela-se o esplendor que não se pode mensurar.
Estrelas cintilantes em dança cósmica,
Galáxias girando numa sinfonia cósmica.

No abraço escuro do espaço sideral,
Segredos guardados em cada ponto celestial.
Nebulosas que se erguem como pinturas abstratas,
Planetas que orbitam em danças encantadas.

O universo, um mistério a desvendar,
Um oceano de estrelas a nos deslumbrar.
Em cada brilho, uma história se entrelaça,
Um ciclo eterno que nunca se embaraça.

Viajamos além das fronteiras da imaginação,
Mergulhando na vastidão da sua criação.
Buracos negros que engolem a luz,
Energias cósmicas que nos conduzem à cruz.

As constelações desenham mapas celestiais,
Apontando-nos os rumos dos sonhos ancestrais.
Cometas rasgam o céu em fugazes trajetórias,
Levando mistérios e promessas de memórias.

No universo, encontramos nossa pequenez,
Percebemos a grandiosidade que nos rodeia de vez.
Somos poeira estelar, partículas em conexão,
Tecendo teias cósmicas em eterna expansão.

Contemplar a vastidão do universo é compreender,
Que somos parte de algo maior, de um todo a merecer.
Que em cada estrela que brilha no infinito,
Carregamos um pedaço desse mistério bendito.

Então, olhe para o céu e se encante sem medida,
Deixe-se envolver pela magnitude da vida.
No universo, somos passageiros em sua viagem,
Um elo precioso nessa cósmica miragem.

E assim, no universo imenso e profundo,
Desvendamos os segredos do nosso mundo.
Encontramos respostas, e mais perguntas irão surgir,
Pois o universo é um poema a nos instruir.

No universo, dançamos em coro celeste,

Cada estrela brilha, e a esperança se veste.

Que nossa jornada, nesse mar de mistérios,

Seja guiada pela luz das estrelas, pelos sonhos etéreos.

Suspiro o sol

No horizonte dourado, o sol se ergue altivo,
Derramando seus raios com calor cativo.
Ele desperta a vida, trazendo luz e calor,
E em cada amanhecer, renova o vigor.

O sol, majestoso e imponente em seu brilho,
É o coração do universo, o próprio trilho.
Suas chamas dançam, incandescentes e vivas,
E iluminam a Terra com suas cores cativas.

Sob seu calor, a natureza desperta e floresce,
As florestas exalam perfumes, vida acontece.
As flores desabrocham, buscando a sua luz,
E o verde se espalha, numa sinfonia de matiz.

Respirar, oh, respirar, é um dom a celebrar,
É a essência da vida, é o ar que nos faz pulsar.
O ar que nos envolve, invisível e sutil,
É um presente divino, um alento gentil.

Inspiração profunda, pulmões se expandem,
O ar adentra em nós, e o corpo agradece em flamen.
Um ciclo infinito, de inspirar e expirar,
E no ritmo da respiração, a vida a desdobrar.

O sol brilha intensamente, o ar nos sustenta,
Ambos entrelaçados numa dança sedenta.
Enquanto inspiramos o ar, absorvemos o sol,
Alimentamos nossa essência, nosso corpo, nosso farol.

O sol e o respirar, unidos em perfeição,
Nosso vínculo com a Terra, com a própria criação.
Eles nos lembram da interconexão que compartilhamos,
Do equilíbrio delicado que sempre preservamos.

Com gratidão, inspiramos a energia do sol,
E exalamos o ar, a vida que nos fazemos sol.
A cada respiração, nos renovamos e nos conectamos,
Com o universo, com o sagrado, com o que amamos.

Então, enquanto o sol brilha no céu a nos aquecer,
Respiremos com consciência, permitindo-nos viver.
Agradeçamos pelo sol que nos ilumina e guia,
E pelo ar que nos abraça, em cada novo dia.

Que a energia do sol nos inspire e nos fortaleça,
E que o respirar nos traga calma e beleza.
Unidos ao sol e ao respirar, encontramos harmonia,
E descobrimos a essência plena da vida, em plena sintonia.

A minha poesia

Poesia, arte sublime que encanta o ser,
Palavras tecidas com o fio do prazer.
Expressão da alma, grito da emoção,
Poesia, eterna voz da inspiração.

Ela brota como um riacho cristalino,
Flui em versos, em ritmos divinos.
Em cada palavra, um universo a desvendar,
Poesia, mágica forma de se expressar.

Nas entrelinhas, segredos se revelam,
Histórias, sonhos, dores que se misturam.
A poesia derrama cores sobre o papel,
Transforma a vida em um enredo tão fiel.

Versos que dançam no compasso do sentir,
Palavras que tocam o coração a sorrir.
A poesia voa livre, quebra as barreiras,
Desafia limites, encanta as fronteiras.

Com rimas suaves ou livres, sem amarras,
A poesia é a voz das almas mais raras.
Revela os anseios, as dores e os amores,
Versos que ecoam além das horas.

Em cada estrofe, uma melodia ressoa,
A poesia é a voz que nos acalenta e apazigua.
Nas suas linhas, encontramos refúgio e paz,
Um abraço etéreo, um colo onde repousar.

Poesia é a celebração das palavras,
Um mergulho profundo, onde a alma se lavra.
É a arte que transcende, que rompe fronteiras,
Que abraça a humanidade e une as nações inteiras.

E assim, a poesia vive além do tempo,
Em cada verso, deixa um legado imenso.
É a voz dos poetas, dos sonhadores,
Daqueles que veem a beleza nos menores.

Que a poesia seja eterna, como a própria vida,
Que inspire novos versos, novas melodias.
Que seja a luz que guia o caminhar,
Poesia, arte sublime, sempre a deslumbrar.

Nos corações dos poetas, ela se faz morada,
Em cada palavra, uma emoção despertada.
A poesia, elo entre o céu e a terra,
Nos convida a dançar com a alma descoberta.

Então, que a poesia seja nossa eterna aliada,
No compasso do verso, na rima encantada.
Que possamos, através dela, nos reencontrar,
E, em versos, o mundo e a vida celebrar.

A poesia, essa arte que transcende o tempo,
Palavras entrelaçadas, um encanto sedento.
Emana dos versos, como um suspiro da alma,
Expressão que voa livre, sem qualquer calma.

Na poesia, o mundo ganha novas cores,
E os sentimentos são transformados em flores.
Ela transborda emoções, acalenta corações,
É a voz da alma, em suas profundas canções.

Palavras que dançam no papel, em versos livres,
Construindo pontes entre o visível e o invisível.
A poesia desnuda a verdade, mergulha no abismo,
Desafia a razão, cria um universo de lirismo.

No ritmo das palavras, um ballet de encanto,
Um convite à reflexão, ao etéreo, ao espanto.
A poesia nos faz viajar por paisagens desconhecidas,
Abrindo janelas para o mundo, desvendando suas vidas.

Ela revela a beleza oculta nas coisas mais simples,
Sussurra segredos, confidencia as dores mais ínfimas.
A poesia é a voz dos que não podem falar,
A mão que escreve, para o mundo desabafar.

Nos versos, encontramos o refúgio, a cura,
Palavras que ecoam na alma, que perduram e perdura.
A poesia é o refletir da vida em sua mais pura essência,
Um bálsamo para a alma, uma luz em meio à ausência.

Ela celebra a magia dos momentos fugazes,
Transmuta a dor em beleza, como alquimia dos mares.
A poesia transcende limites, rompe barreiras,
É uma voz que ecoa, mesmo nas fronteiras.

Seja declamada em voz alta ou silenciada no coração,
A poesia é um eco universal, uma celebração.
Ela nos conecta, nos une em um tecido de palavras,
Nos envolve em sua teia, nas asas de suas labaredas.

A poesia, esse universo a se desvendar,
Uma porta aberta para sonhar, amar e transformar.
Que jamais se apague a chama poética que arde,
Que a poesia sempre viva, em cada alma, em cada tarde.

E assim, seguimos trilhando os caminhos da poesia,
Celebrando a vida com toda sua melodia.
Que a inspiração seja nossa constante companheira,
E que a poesia floresça, eternamente, em sua quimera.

A minha arte

Na vastidão do universo criativo,
A arte se ergue, poderosa e cativa.
Em sua essência, um emaranhado de mistérios,
Uma jornada intrincada, cheia de critérios.

A arte é um espelho da complexidade humana,
Um labirinto de emoções que se emana.
Expressões entrelaçadas em formas infinitas,
Traduzindo o inexprimível, desafiando limites.

Nos traços de um pincel, nas notas de uma melodia,
A complexidade da arte encontra sua sinfonia.
Pinturas que gritam silenciosas, quadros que respiram,
Esculturas que ganham vida, como sonhos que se afirmam.

A arte se revela em camadas sobrepostas,
É um quebra-cabeça de histórias compostas.
Cores e sombras dançam em harmonia,
Revelando a riqueza da alma em plena sintonia.

Mas a arte também é um desafio, um enigma,
Um mergulho no abismo, uma busca incessante de estigma.
É um convite à reflexão, à contemplação profunda,
Uma jornada de descobertas, de incertezas fecundas.

Na literatura, nas palavras escritas em versos,
A complexidade da arte encontra seus universos.
Personagens que se desdobram, enredos que se entrelaçam,
Narrativas que nos cativam, memórias que se abraçam.

A dança, uma linguagem sem palavras,
Explora a complexidade dos movimentos, das acrobacias.
Corpos que se entrelaçam, expressões que se contam,
Numa coreografia que transcende o que se conta.

E assim, a complexidade da arte se manifesta,
Desafiando definições, rompendo a vasta orquestra.
Cada obra, uma jornada única e singular,
Um convite a desbravar o infinito a desvendar.

A arte é complexa, intrincada em sua essência,
Um espelho de nossas múltiplas vivências.
E, nessa complexidade, encontramos a liberdade,
De criar, de expressar, de transcender a realidade.

Que possamos abraçar a complexidade da arte,
Valorizar sua diversidade e nos deixar arrebatar.
Pois é nessa teia de mistérios que encontramos sentido,
E nos conectamos ao vasto mundo do infinito.

Na vastidão do ser e do sentir,
A arte emerge como um imenso pulsar.
Complexa, intrincada, a se desdobrar,
Um espelho de nossa humanidade a existir.

Nas pinceladas suaves, a tela ganha vida,
E o pintor revela suas emoções contidas.
Cores que dançam em harmonia e contraste,
Traduzem a complexidade que a alma carrega.

Na melodia que se ergue dos instrumentos,
O músico expressa sua essência em movimento.
Notas que se entrelaçam, harmonias em ebulição,
Refletem a imensidão da mente em transformação.

Na dança que se desenha no palco iluminado,
O bailarino tece passos, sentimentos encantados.
Movimentos que fluem, expressões que se fundem,
Retratam a complexidade do corpo que se funde.

Na escrita que flui pelas linhas do papel,
O poeta revela segredos, histórias sem igual.
Palavras que se entrelaçam, versos que se desdobram,
Desvendam a complexidade do ser em suas dobras.

A arte, essa essência que se reinventa,
No jogo de luz e sombra, de dor e contentamento.
Uma linguagem que transcende os limites da razão,
E mergulha no mar da complexidade da condição.

Por vezes, nos confunde e nos desafia,
Nos leva a questionar, a buscar outra via.
E ao mesmo tempo, nos acolhe e nos envolve,
Em suas entranhas, a diversidade se resolve.

A arte é um espelho, um labirinto de sentidos,
Uma jornada em que somos autores e cativos.
Revela a riqueza de nossas múltiplas camadas,
A complexidade que habita em nossas moradas.

E assim, seguimos em busca de compreensão,
Na imensidão da arte, desvendando a expressão.
Celebrando a complexidade que nos torna únicos,
Nas formas e cores, nos sons e movimentos mágicos.

Que a arte sempre nos convide a explorar,
A mergulhar em suas profundezas, a nos revelar.
A complexidade da vida, do ser em sua totalidade,
E descobrir, na arte, a verdade de nossa humanidade.

Na vastidão do universo criativo,
A arte se desdobra em seu tecido sensitivo.
Um emaranhado de expressões e mistérios,
Desafiando conceitos e fronteiras, verdadeiros.

A arte é um labirinto de complexidade,
Um convite à reflexão e à subjetividade.
Em cada pincelada, em cada verso, em cada melodia,
Desvenda-se a profundidade de sua magia.

A paleta de cores transborda sensações,
Da suavidade do azul à intensidade dos tons.
A pintura, a escultura, a dança e o teatro,
Cada forma de arte é um portal, um facho.

Nas entrelinhas das palavras escritas,
A poesia desvenda almas e histórias infinitas.
Versos entrelaçados como fios de uma tapeçaria,
Contam segredos, desvendam a alma em harmonia.

A música, em sua cadência e harmonia,
Invade os corações, emociona a melodia.
Notas dançam no ar, revelando sentimentos,
Criando um universo de sons e momentos.

A arte é um espelho da vida em sua complexidade,
Capturando o belo, mas também a obscuridade.
É um grito de rebeldia, uma busca por sentido,
Um questionamento constante, um desafio atrevido.

Através da arte, exploramos o desconhecido,
Desbravamos territórios onde o pensamento é permitido.
Em suas formas múltiplas, a arte é revolução,
Despertando questionamentos e evolução.

Mas na complexidade da arte, há também a simplicidade,
A sutileza de um traço, a emoção de uma verdade.
A arte é um eco do humano em sua essência,
Um convite a mergulhar na beleza e na existência.

Portanto, celebremos a complexidade da arte,
Em suas múltiplas formas, ela nos parte e reparte.
Deixe-se envolver por sua teia intrigante,
E descubra-se imerso no universo cativante.

Que a arte nos inspire a questionar, a criar,
A explorar os limites e transcender o comum no ar.
E assim, na complexidade da arte, encontramos a liberdade,
A oportunidade de expressar a nossa verdade.

Formas

Círculos que se encontram em perfeita união,
Curvas suaves que se abraçam com devoção.
Eles nos lembram da harmonia em sua forma,
Do movimento constante que o tempo transforma.

A esfera, sublime e imponente em seu ser,
Uma forma tridimensional a nos envolver.
Simboliza a totalidade, o infinito em sua essência,
Um abraço cósmico, uma conexão de transcendência.

Quadrados, retângulos, geometria em seus traços,
Linhas retas que formam sólidos espaços.
Eles trazem ordem, equilíbrio e estrutura,
Nas construções humanas, na arquitetura.

O círculo nos lembra do ciclo que se renova,
A roda da vida, a eternidade que se mova.
É um símbolo de plenitude, de movimento contínuo,
Uma dança cósmica que transcende o comum.

A esfera nos envolve com sua forma perfeita,
É a morada das estrelas, uma obra tão repleta.
Representa a completude, a integridade do ser,
E nos convida a explorar, a descobrir e a viver.

Os quadrados nos lembram da solidez e estabilidade,
São a base firme para a criação de uma realidade.
Eles nos lembram dos encaixes, das conexões,
Das estruturas sólidas, das edificações.

Assim, cada forma possui sua própria magia,
Um convite a explorar a diversidade em harmonia.
Círculos, esferas, quadrados, cada um com seu papel,
Na dança da existência, no universo a revelar.

Que possamos encontrar beleza em todas as formas,
E enxergar além do que a geometria conforma.
Que possamos apreciar a perfeição em sua diversidade,
E celebrar a riqueza das formas em sua verdade.

Pois círculos, esferas e quadrados,
São a expressão de um mundo a ser desbravado.
E em cada forma, em cada figura que se desenha,
Encontramos um pedaço da grandeza que nos acompanha.

Em formas geométricas se revela a perfeição,
O círculo, a esfera, o quadrado em conexão.
Em linhas retas ou curvas, simetrias a se encontrar,
Em cada figura, um universo a desvendar.

O círculo, símbolo eterno de unidade e continuidade,
Sem início, sem fim, em sua perfeita circularidade.
Ele abraça o infinito, com curvas suaves e envolventes,
Uma dança ininterrupta de movimentos envolventes.

Na esfera, a tridimensionalidade ganha forma,
Uma bola perfeita, onde a vida se transforma.
Em suas superfícies, segredos se escondem,
As cores, as texturas, os mistérios que se respondem.

O quadrado, com seus lados e ângulos retos,
Simboliza a estabilidade, a estrutura em seus trechos.
É a base para muitas construções e criações,
Uma fundação sólida, de sóbrias fundamentações.

Em cada forma, uma simbologia se manifesta,
Um convite a explorar o universo em sua festa.
Círculos e esferas, em movimentos que se encontram,
Quadrados que se encaixam, como peças que se somam.

Essas formas nos ensinam a buscar a harmonia,
A encontrar equilíbrio em cada sinfonia.
Pois na geometria, encontramos a arte em suas linhas,
A beleza que se revela nas formas divinas.

E assim, nas formas geométricas, encontramos a poesia,
A linguagem universal que nos guia.
Em círculos, esferas e quadrados, a criação se renova,
E descobrimos que em cada forma, há uma história que se mova.

Celebremos a diversidade das formas geométricas,
Em seus encontros, danças e mágicas.
Envolvamo-nos na geometria do universo,
E encontremos nas formas, a beleza em seu verso.

E que em cada traçado, em cada figura desenhada,
Possamos contemplar a grandeza da jornada.
Pois nas formas geométricas, há um convite constante,
A explorar o infinito, a abraçar a arte vibrante.

Em um universo de formas, encantamento nos envolve,
Círculos, esferas e quadrados, cada um em seu alcove.
Cada figura, única em sua perfeição,
Um convite à contemplação, à admiração.

O círculo, curva suave e infinita,
Sem começo nem fim, em sua trajetória bonita.
Símbolo de continuidade, de eternidade,
Ele abraça o espaço, preenchendo de intimidade.

A esfera, perfeição em sua tridimensionalidade,
Um globo que se expande em sua totalidade.
Curvas que se encontram em um ponto central,
Representando a harmonia, o equilíbrio celestial.

O quadrado, geometria em suas linhas retas,
Equilíbrio e estabilidade, firmes e completas.
Quatro lados, quatro ângulos, uma forma sólida,
Simbolizando ordem e estrutura, em sua vida.

Cada forma carrega em si significados profundos,
Em suas geometrias, conceitos oriundos.
O círculo nos remete ao eterno, ao movimento contínuo,
A esfera nos leva a pensar em harmonia e universo uno.

O quadrado nos traz a ideia de estabilidade, de segurança,
E nos faz questionar sobre a construção da nossa vivência.
As formas se entrelaçam, em um mundo de interação,
Criando beleza na diversidade dessa composição.

Encontramos formas em tudo que nos rodeia,
Na natureza, na arquitetura, na arte que incendeia.
Elas nos ensinam sobre a variedade e a unidade,
E nos convidam a explorar nossa própria criatividade.

Assim, abraçamos as formas que nos são dadas,
Exploramos suas nuances, suas harmonias sagradas.
Em cada círculo, esfera e quadrado, uma história se revela,
Convidando-nos a mergulhar em sua beleza singela.

Portanto, celebremos as formas que nos rodeiam,
Em suas geometrias, encontramos mistérios que nos permeiam.
Elas nos lembram da vastidão da criação,
E nos inspiram a explorar a infinita expressão.

Nós

Nas areias antigas do tempo esculpidas,
Erguem-se as pirâmides, grandiosas e envoltas em lendas.
Símbolos imponentes, testemunhas da história,
Em seu mistério guardam segredos de outrora.

No coração das pirâmides, um enigma a desvendar,
Em seus labirintos, histórias para contar.
Segredos que se escondem em cada pedra encaixada,
Revelando surpresas em sua estrutura elaborada.

Na imensidão desses monumentos misteriosos,
A alegria e a tristeza se encontram, distintos e curiosos.
Pois as pirâmides, silenciosas guardiãs do passado,
Testemunham momentos de júbilo e de fado.

Em seus degraus íngremes, alegrias se erguem,
Celebrando vitórias, enaltecendo feitos que surgem.
As pirâmides brilham sob o sol escaldante,
Refletindo a alegria dos que alcançaram o triunfante.

Mas também abrigam a tristeza que se desenha,
Nos recantos ocultos onde a melancolia se aninha.
Histórias de perdas, de despedidas dolorosas,
Que ecoam no silêncio das câmaras silenciosas.

E assim, nas pirâmides, as emoções se entrelaçam,
Surpresas e segredos, alegria e tristeza se abraçam.
Elas nos lembram da dualidade da existência,
Dos altos e baixos que compõem nossa vivência.

E que mesmo diante da tristeza, há esperança a brotar,
Como as antigas sementes que encontram seu lugar.
E na alegria, encontramos forças para seguir adiante,
Como raios de sol que dissipam a sombra constante.

Portanto, celebremos as pirâmides e suas maravilhas,
Seus mistérios, suas histórias, suas tramas trançadas em trilhas.
Encontremos na surpresa e na dualidade o ensejo,
De buscar a alegria, de enfrentar a tristeza com desejo.

Que as pirâmides nos inspirem a desvendar segredos,
A encontrar equilíbrio entre alegrias e enredos.
E que assim, em nossa jornada, possamos aprender,
A valorizar as surpresas, a abraçar o que alegria e tristeza têm a nos oferecer.

Sob o sol do Egito, as pirâmides se erguem altivas,
Monumentos de pedra que guardam histórias cativas.
Em seu mistério e grandiosidade, encantam os olhos,
Testemunhas silenciosas de tempos antigos e sóis.

Nas entranhas das pirâmides, segredos são revelados,
Artefatos ancestrais, tesouros há muito guardados.
Cada passo desvendado é uma surpresa deslumbrante,
Um elo com o passado, uma janela fascinante.

Mas assim como a vida, as pirâmides também guardam dualidade,
Em seus mistérios, encontramos alegria e tristeza em verdade.
As pedras testemunham momentos de glória e poder,
Mas também lágrimas derramadas, histórias a sofrer.

A alegria se esconde nas danças ao redor das pirâmides,
Cores vivas, músicas vibrantes, risos em todas as direções.
Celebram a vida, a cultura, a ancestralidade,
E na energia festiva, a alegria ganha intensidade.

Mas entre as pedras, também há espaço para a tristeza,
Lágrimas silenciosas, histórias de perdas e incerteza.
As pirâmides guardam as marcas das lágrimas vertidas,
Memórias de vidas que se foram, histórias entrelaçadas.

No coração das pirâmides, a dualidade se entrelaça,
Surpresas escondidas, emoções que se abraçam com graça.
Alegria e tristeza, dois lados da mesma moeda,
Como a vida em seu mosaico, numa dança frenética e bela.

E assim, contemplamos as pirâmides em todo seu esplendor,
Compreendendo que a vida também traz alegria e dor.
Surpresas se revelam em cada esquina do caminho,
E é nessa dualidade que encontramos nosso destino.

Que possamos viver cada momento com intensidade,
Celebrando a alegria, enfrentando a tristeza com dignidade.
Como as pirâmides, sejamos guardiões de histórias vivas,
E que a dualidade nos ensine a encontrar a beleza cativa.

Então, diante das pirâmides, abramos nossos corações,
Para alegrias e tristezas, para surpresas e emoções.
E que a majestade das pirâmides nos inspire,
A buscar equilíbrio na dualidade, numa vida a se construir.

A vida

No ventre do tempo, desperta a infância,
Um período de inocência, de doce esperança.
Com olhos curiosos, corações repletos de sonhos,
Crescemos, explorando o mundo em nossos tronos.

Brincadeiras no parque, risos que ecoam no ar,
O tempo é eterno, não há preocupação em voar.
A imaginação desabrocha, sem limites ou barreiras,
Descobrindo a magia que habita todas as fronteiras.

Mas o tempo avança, e as estações se transformam,
Deixando para trás as memórias que se desarmam.
Crescer é um processo inevitável, um caminhar constante,
Abandonando a infância para seguir adiante.

Os sonhos da infância se entrelaçam com a realidade,
Responsabilidades se somam, desafiando a serenidade.
A pureza se mistura com as lágrimas que eventualmente caem,
Enfrentamos os desafios, mas com coragem seguimos, sem queixar.

E então, a velhice se aproxima, como a noite após o dia,
Os cabelos se tingem de prata, a pele perde sua vitalidade.
Os passos são mais lentos, o tempo marca presença,
Mas a alma, sempre jovem, mantém a essência.

Chega o momento em que o ciclo se encerra,
A morte se aproxima, mansa e austera.
Despedidas se fazem necessárias, lágrimas vertem,
Mas a vida, mesmo no fim, seu legado nos oferece e reverte.

Pois a morte é apenas uma passagem, um portal,
Para o desconhecido, para o infinito que nos abraça total.
E na memória dos que ficam, a infância permanece,
Uma chama eterna, um tesouro que jamais desvanece.

Então, celebremos a infância, o crescer e o morrer,
Três estágios que nos ajudam a compreender.
Que possamos abraçar cada fase com gratidão,
Sabendo que a vida é uma jornada de transformação.

E mesmo no fim, quando o último suspiro se erguer,
A alma se liberta, pronta para renascer.
Na eternidade do tempo, no ciclo sem fim,
A infância, o crescer e o morrer se entrelaçam enfim.

Na doce inocência da infância, um mundo a desbravar,
Onde sonhos e fantasias não tinham limite a alcançar.
Eram dias de risos, de brincadeiras no quintal,
Onde a vida se desdobrava em um conto surreal.

Mas o tempo implacável seguia seu curso,
E a infância se transformava em memórias, dispersas.
Crescer era o destino que se abria diante dos olhos,
Um caminho de descobertas, desafios e desdobramentos.

As lágrimas e os sorrisos pintavam o quadro da vida,
Enquanto o tempo avançava, com sua foice em partida.
E na jornada do amadurecimento, aprendemos a viver,
A enfrentar os obstáculos e a colher o que plantamos no fazer.

E assim, como a sombra que segue o corpo na estrada,
A morte se faz presente, anunciando sua chegada.
É o destino inevitável, o ciclo que se completa,
O fim que nos faz refletir sobre a vida que foi vivida de forma repleta.

Mas não há tristeza, pois na memória ficam os instantes,
As risadas compartilhadas, os momentos marcantes.
A infância se eterniza nas lembranças e no coração,
E o crescimento nos torna seres cheios de experiência e compreensão.

A morte, como uma estrela cadente que se despede,
Nos lembra da fugacidade da vida, do que nos concede.
E assim, com cada nascer e cada pôr do sol,
Aprendemos a valorizar cada instante, cada farol.

Infância, crescimento, morte, uma tríade em movimento,
Nos ensinam sobre a impermanência e o amor no sentimento.
Que possamos viver cada fase com gratidão e intensidade,
Construindo memórias que perdurem na eternidade.

E quando chegar o momento do adeus final,
Que nossa jornada tenha sido repleta de amor e bem-estar.
Pois a vida é um sopro, um breve instante a passar,
E que deixemos um legado de amor para sempre perdurar.

Felicidade absoluta

Na imensidão do coração, onde a felicidade se aninha,
Desponta a pureza de uma alegria que jamais termina.
É a felicidade absoluta, um estado de plenitude,
Onde todos os sonhos e desejos encontram sua magnitude.

É um sorriso que transcende a face e se espalha pelo ar,
Uma leveza que enche a alma, um suspiro de encantar.
É sentir-se completo, em paz com cada pedaço do ser,
Uma harmonia divina que não se cansa de florescer.

Na felicidade absoluta, não há espaço para a dor,
Apenas o calor do amor que nos envolve com fervor.
É a sensação de estar conectado com o universo,
Um mergulho profundo na imensidão do verso.

É a plenitude de viver o presente, o aqui e o agora,
Sem amarras, sem preocupações, sem qualquer demora.
É abraçar a simplicidade das pequenas coisas da vida,
Apreciando a beleza que em cada detalhe se escondia.

Na felicidade absoluta, as lágrimas se transformam em riso,
E cada tropeço se torna um passo para o paraíso.
É a liberdade de ser quem realmente se é,
Desfrutando a vida com a alma leve, em pura fé.

E nessa felicidade, não há fronteiras nem limitações,
Apenas a imensidão do amor em todas as direções.
É um estado de graça que transcende a razão,
Uma dança de celebração, um eterno refrão.

Que possamos buscar a felicidade absoluta em cada dia,
Descobrindo o tesouro que em nós sempre existia.
E que ela nos guie, nos inspire e nos faça brilhar,
Espalhando luz, amor e alegria por onde quer que vamos passar.

Printed by Books on Demand GmbH, Norderstedt / Germany